Par Clerc d'Orge neveu de Pelfor

N° 1.

AVIS AU CLERGÉ

DU

DIOCÈSE DE SAINT-CLAUDE.

AVIS AU CLERGÉ

DIOCÈSE DE SAINT-CLAUDE.

Vide cui fidas.

Vous avez de graves motifs de mécontentement. Les faits dont vous m'avez rendu compte, et les pièces justificatives que vous produisez à l'appui, montrent que vous êtes en butte à une persécution aussi basse que passionnée... Il n'y a rien à espérer de gens qui sont faux, fourbes, lâches et trompeurs. Ce sont des incurables en morale. (Réponse d'un ami distingué, qui croyait qu'on espérait d'eux quelque chose.)

Puisque vous n'en attendez rien, poussez-les donc; depuis assez long-temps ils vous poussent. Il s'agit de prémunir les honnêtes gens et vos confrères. D'ailleurs, avec certains hommes, la guerre ouverte est préférable à leur paix. Il n'y a que la publicité pour briser, en de telles mains, un pareil système d'administration. (Le même.)

Eh bien! qu'il imprime, on lui répondra. (Réponse de M. Girod contre M. Pélier, en assemblée capitulaire.)

En 1828, lorsqu'il était aumônier du prince de Condé et qu'il venait de refuser la place de secrétaire-général du ministère des cultes, M. le chanoine Pélier prit la défense de l'estimable et malheureux curé de Moissey, M. Droz, son ami; et il eut le bonheur de le faire rentrer dans sa cure, d'où il avait été banni par les censures *énormes* de Mgr. de Chamon. A la révolution de 1830, on s'est hâté de frapper de nouveau l'infortuné curé; et

M. Pélier a continué de lui témoigner de l'estime, de l'affection, et de chercher à lui être utile, autant qu'il l'a pu. De là *date l'antipathie* de l'administration diocésaine pour M. Pélier.

Pendant quatre ans on lui a fait attendre l'exécution de promesses qu'il n'avait nullement sollicitées et qui ont pu être accomplies plusieurs fois, notamment deux mois après qu'elles avaient été faites. Pendant ces quatre ans, le prélat lui a refusé une des plus petites paroisses du diocèse, La Châtelaine, Nevy, Choisey, Gevry, Mallanges, que lui offrait le vénérable supérieur du séminaire, et où il désirait être fixé pour achever sa *Continuation* de Bérault-Bercastel. Tous ces délais, pendant lesquels on le berçait de maintes promesses nouvelles, ont donné le temps à un autre écrivain de prendre ses souscripteurs; en sorte qu'il a perdu le fruit de plusieurs années de travail. Il n'a pas craint de le dire et de s'en plaindre. Et on ne lui a que mieux gardé rancune (1)......

Aussi, à son arrivée à Saint-Claude pour y occuper enfin un canonicat (à l'occasion duquel on a dit à Dole, en sa présence, *promoveatur ut amoveatur*), il a été obligé de manger et de coucher à l'auberge; et, le lendemain, après avoir dit la messe capitulaire pour sa prise de possession, il a dû encore se rendre dans une hôtellerie, *personne* ne lui faisant l'honnêteté de lui offrir un verre d'eau (2). Et cependant plusieurs des membres du

---

(1) On ne rapporte point ici les leurres et les nouveaux mensonges employés à l'occasion des cures d'Arbois, de Dole et de Poligny.

(2) On aurait mieux reçu, sans doute, un *maître d'hôtel*, un *pécheur de poissons*, un *emballeur de bouteilles* ou *de volailles*.

chapitre avaient trouvé bon de dîner chez lui à Paris et à Lavans...

Il était depuis dix-huit mois dans sa nouvelle résidence, oubliant tout le passé et faisant tout ce qui dépendait de lui pour être agréable à ses confrères et aux supérieurs, lorsqu'il crut devoir demander la tenue des assemblées régulières capitulaires, dont MM. les chanoines disaient n'avoir pas même le souvenir. Le règlement était là ; on dut céder à ses instances. Bref, il s'était élevé, en chapitre, contre quelques abus dont il demandait la réforme, *suivant les canons*...

Le 19 octobre dernier (1837), on ne lui permit pas d'achever la lecture de son mémoire ; et, à la fin de la séance du 5 novembre, au moment où l'on allait sortir, M. le chanoine Girod, avec l'agrément du président, commença et finit une lecture de plusieurs pages, *étrangère aux questions traitées jusque-là, et toute de personnalités contre M. Pélier*. Celui-ci, voyant que la séance avait déjà dépassé beaucoup l'heure ordinaire de la clôture, dit qu'il répondrait dans l'assemblée suivante. Mais dans cette assemblée, où il croyait qu'on observerait l'axiome de droit, *audi et alteram partem,* M. le président *lui refusa la parole,* et leva brusquement la séance.

Cependant M. Girod, instruit du départ de M. Pélier pour ses vacances, vint chez lui la veille au soir, le prier, le presser de ne pas partir sans voir le prélat, assurant qu'il n'y aurait pas de discussion avec lui, parce *qu'il ne savait rien*, disait-il, *de ce qui s'était passé au chapitre*... M. Pélier se rendit à l'évêché ; et, dès son arrivée dans le cabinet de Mgr., celui-ci entra en matière, montra *qu'il savait tout*, et la dispute s'engagea. La justification de M. Pélier fut si complète, et ses plaintes si justement fondées, que le prélat finit par lui dire : *Eh bien ! embrassons-nous, et vivons en paix*. Après avoir reçu l'accolade et la bénédiction de Mgr., il reçoit aussi *le baiser* de son secrétaire, et part pour six semaines, le 7 novembre dernier.

Que fait-on *pendant son absence ?* Pour montrer *qu'on aime la paix* et qu'on *est sincère envers lui*, 1° on supprime, dans le nouvel *Ordo*, la moitié de son nom, lequel ne contenait pas cependant, comme d'autres, *l'usurpation* de la particule; et on fait cela contrairement à *l'ordonnance royale* qui nomme chanoine *l'abbé Pélier de Lacroix*, ancien aumônier (du prince de Condé); et contrairement au droit ou aux raisons que chacun peut avoir de joindre le *nom de sa mère* à celui de son père (1). 2° On fait rendre une ordonnance épiscopale, *motivée sur des mensonges*, pour nommer un autre secrétaire du chapitre en la place de M. Pélier, qui n'était pas démissionnaire. 3° On se sert de la franchise du secrétariat (ou des bandes contresignées Antoine-Jacques), pour calomnier et diffamer celui qu'on traitait, la veille encore, *de confrère et d'ami*.

Voici, sur ce dernier point, *quelques faits seulement*. Le lecteur comprendra qu'on ne doit pas les citer en plus grand nombre aujourd'hui.

Arrivé à Bersaillin, M. Pélier apprit du vénérable curé, son ancien ami, que l'évêché le faisait *moucharder*.... Comme le chanoine, qu'on avait embrassé et

---

(1) Ayant publié différents ouvrages avec son nom, il est naturel que M. Pélier tienne à ce nom littéraire, que personne d'ailleurs n'a le droit de lui contester, comme il est naturel que ses ennemis en soient choqués. Mais qu'au moins ils ne se disent pas ses *amis*, et qu'ils ne lui donnent pas *leur baiser*.

comblé de protestations affectueuses, refusait de croire à cette monstruosité, son ami lui mit sous les yeux, avec douleur et indignation, la pièce suivante, dont on transcrit *même l'orthographe* (1).

Saint-Claude, le 16 novembre 1837.

Mon cher curé,

J'ai de fortes raisons pour vous prier de me mander tout ce que dira et fera M. Pélier pendant le temps qu'il passera à Bersaillin ; vous pouvez compter sur le plus grand secret. Vous m'adresserez directement votre lettre. Mgr. ne sait pas tout, on est parvenu à le réconcilier avec le prélat. Il est venu le voir avant de partir. Ainsi on ne voudrait pas brouiller de nouveau en mettant Mgr. au courant de tous ces vilains propos. On lui à fait ici avant son départ des observations sur le mal qu'il fait, etc. Il paraissait un peu contrit. Mais on craint la rechute, tant était forte l'habitude, et on désire savoir s'il y a persévérance. Comptez sur le plus grand secret (2) *que je garderai de mon coté. Tachez aussi de détruire les funestes impressions de sa mauvaise langue auprès des confrères et surtout de la famille de Froissard qui doit en gémir aussi-bien que nous. Si j'étais toujours à coté de lui, je me fais fort de prouver qu'il ne dit pas vrai,*

---

(1) On compterait *trente-une* fautes, dans cette seule lettre, à un écolier de cinquième. Voici un échantillon de la même force (on copie également sur *l'autographe*) : « Je ne puis *pas*, mon » cher curé, accorder la dispense que vous m'avez demandée » qu'après une enquête canonique. Veuillez donc vous en occuper et me l'envoyer *au plutôt* avec la supplique. »

(2) M. le grand-vicaire ne sait ce qu'il dit ici. Pardon ! M. Vidocq, chef de mouchards, n'en faisait pas de cette taille. S'il eût été secrétaire, chanoine, grand-vicaire, à la bonne heure !!

qu'il calomnie, qu'il médit, qu'il vomit la calomnie et la médisance comme s'il en était plein, etc. Ramassez donc tout, et envoyez-moi ce mauvais paquet. Vous ne serez compromis en rien.

Tout à vous,

GIROD, vic.-gén., chan., secrétaire.

Le lendemain, 17 novembre, le même écrivait au même curé :

... Mille et un compliments à M. Pélier. Il n'y a rien de nouveau qui soit digne de son attention... le confrère devait aller à Dole...

M. Pélier se borne, *pour le moment*, à porter *le défi public* à M. le vicaire-général d'articuler *un fait calomnieux* sorti de sa plume ou de sa bouche. Il attend qu'il *se pose à côté de lui* devant ses confrères, pour *prouver qu'il ne dit pas vrai*, et qu'il vomit le mensonge et la calomnie comme s'il en était plein.

Mais écoutons la réponse du pieux et si regrettable curé de Bersaillin.

« Monsieur,

» Par votre lettre confidentielle du 16 dernier, vous
» me priez de vous mander tout ce que *dira et fera*
» M. Pélier pendant son séjour dans ma paroisse. Il vient
» d'en partir, et je m'empresse de vous satisfaire, en vous
» assurant, ce que vous devez savoir déjà, que M. Pélier
» jouit de l'estime et de la confiance de mes paroissiens
» pour les services qu'il leur a rendus autrefois ; qu'il jouit
» aussi de celles de la respectable famille dans laquelle il
» a demeuré neuf ans, et qui serait enchantée de l'avoir

» toujours au milieu d'elle. Il aurait prêché ma fête
» (ce qu'il avait déjà fait l'année dernière, à défaut du
» vicaire de Sellières qui m'avait manqué), si M. Goujet
» n'était pas arrivé la veille pour cela. Il a eu la bonté
» de faire diacre à M. Noirot qui a chanté la grand'messe.
» Je n'ai vu en lui qu'un bon confrère et un ami de trente
» ans.

» Quant aux *vilains propos, à la calomnie, à la mé-*
» *disance qu'il vomit*, dites-vous, *comme s'il en était*
» *plein*, je ne peux pas vous dire que j'en aie entendu
» sortir de sa bouche, pas plus que de celle d'un autre
» confrère; et je crains fort que ceux qui vous auraient
» *dit ou écrit* le contraire, ne soient eux-mêmes des mé-
» chants ou des jaloux, qui cherchent à se faire valoir
» auprès des supérieurs, en glosant contre un prêtre qui
» se pique sans doute de n'aller pas leur faire sa cour. Je
» vous parle, monsieur, comme plus ancien et plus
» instruit du caractère *naturel* et *moral* de M. Pélier; et
» j'affirme qu'il est incapable *de calomnie*, je ne dis pas
» de médisance, et je lui crois la franchise d'en faire
» l'aveu lui-même. Quel est celui qui n'a pas quelques
» défauts? Je pense qu'il s'efforce de se corriger des siens;
» et c'est ce que je tâche de faire pour les miens chaque
» jour.

» Agréez, monsieur et cher confrère, l'assurance des
» sentiments particuliers de votre très humble et obéis-
» sant serviteur,

» J. MOUGIN, prêtre (1). »

(1) M. Mougin, *le prêtre modèle*, au témoignage de tous ceux qui l'ont connu, est mort en saint, le 9 mars dernier, d'une fluxion de poitrine, à l'âge de 54 ans. Le 11, quoique ce fût un dimanche, *vingt-deux* de ses confrères se sont trouvés

On prie le lecteur de remarquer que cette réponse d'un honnête homme et d'un digne confrère *n'a pas été communiquée au prélat par son secrétaire.* C'est le prélat lui-même *qui l'a affirmé* à M. Pélier. Elle ne pouvait cependant *brouiller de nouveau.*

De retour à Saint-Claude, M. Pélier se plaignit à Mgr. des basses manœuvres employées contre lui *auprès de plusieurs curés,* dit-il (et il ne mentait pas, lui). Mgr. parut ignorer tout. Il nia d'abord qu'une pareille mesure eût été prise. Puis, sur l'assurance de preuves démonstratives du contraire, il somma M. Pélier de lui dire quels curés avaient ainsi trahi son secrétaire, *son vicaire-général!* Le plaignant répondit énergiquement que ses amis avaient fait leur *devoir d'amis,* et qu'on lui arracherait la langue plutôt que d'en trahir aucun.

Le lendemain, le secrétaire, interpellé en présence d'un chanoine, *nia tout,* et jura ses grands dieux qu'*il n'avait jamais rien écrit contre M. Pélier.*

Et, comme celui-ci déclara sur-le-champ qu'il avait dans les mains la preuve de ce qu'il avançait, le secrétaire, ne pouvant nier davantage, avoua *qu'il avait écrit,* mais que c'était par ordre de Mgr., et qu'il n'avait fait que ce *qu'on lui avait ordonné.*

M. Pélier fit alors connaître que, la veille même, *le prélat lui avait tout nié,* et avait blâmé durement la dé-

réunis pour lui rendre les derniers devoirs; et le 20, la plupart d'entre eux sont revenus à Bersaillin pour lui faire un service solennel, auquel assistait toute sa paroisse encore en pleurs. Il a légué son blé à ses pauvres, ses livres à quelques confrères et à des élèves pour l'état ecclésiastique, et plusieurs de ses meubles au séminaire, etc.

marche de son secrétaire (si elle était prouvée, disait-il).

— *Eh bien! oui*, s'écria enfin M. Girod, *et je ne m'en cache plus : j'ai fait cela par charité pour vous.* Quelle charité !... Comment la nommer ? Est-elle de saint Paul, ou d'Iscariote ?...

Quelques jours après, M. Mongin, sous la date du 22 janvier, écrivit à M. Pélier une lettre, dont voici un passage (1) :

..... « On dit que vous vous êtes vanté d'avoir entre
» les mains la copie de la lettre que m'avait écrite le se-
» crétaire; puis ensuite, que *vous avez tout avoué à*
» *Mgr.* (2); mais *je ne me fie pas à eux.* C'est pour me
» tirer les vers du nez. Aussi, à une première lettre, j'ai
» tellement tenu le large, qu'ils n'en ont rien pu con-
» clure. Et, le 15, seconde lettre par laquelle on me
» somme de m'expliquer catégoriquement, de dire *oui*
» *ou non* (3). Et on termine par un post-scriptum où
» l'on dit : *Aujourd'hui M. Pélier s'est réconcilié : il a*
» *avoué que c'était vous qui aviez montré la lettre* (4).
» *Mgr. oublie tout. Mais soyez plus réservé une autre*
» *fois.* Va-t'en voir s'ils viennent, J.... Je suis un peu
» incrédule. Enfin, qu'il en arrive ce qu'il voudra, je

---

(1) Afin d'abréger, on ne cite pas toute la correspondance.

(2) Premier mensonge calomnieux, où l'on plaide le faux pour savoir le vrai : moyen que ne doit pas employer le juge laïque, même envers un *criminel*.

(3) Cette lettre contredisait la première; elle indiquait le doute : et le *rusé* (ce n'est pas le mot propre), le *rusé* secrétaire allait s'adresser à d'autres curés, si celui-ci eût répondu : *Non.*

(4) Seconde calomnie, atroce ; où l'on accuse de lâcheté et de perfidie envers son ami, un prêtre connu pour sa loyale franchise et son énergique fidélité. (Voir l'*Assassinat du dernier*

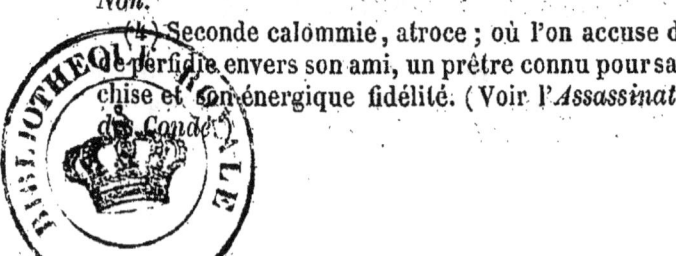

» vais *leur* avouer ce que j'ai fait, dussé-je être envoyé
» *dans la Sibérie du diocèse* (1). Mais je pense qu'il est
» bon que vous soyez prévenu »....

A la réception de cette lettre, M. Pélier se hâta *de démentir les assertions calomnieuses de l'évêché*, et il recommanda à son ami de ne pas répondre, l'assurant qu'il se chargeait de tout.

Mais les lettres se croisèrent... Et, le 6 février, il reçut la suivante :

« Vous deviez voir, cher ami, par la teneur de ma
» lettre, que c'est une affaire faite; que j'ai avoué à
» Mgr. vous avoir communiqué la lettre de M. Girod...
» J'ai dit que je ne savais pas si vous en aviez la copie,
» mais que cela était possible. Je ne pouvais plus nier,
» *d'après l'assurance formelle qu'on me donnait que vous*
» *aviez tout avoué*. Je vois bien que c'était une finesse de
» leur part : ils n'avaient que des doutes, et ils voulaient
» s'assurer. *Le mensonge ne coûte rien à certaines gens*
» *pour venir à bout de leurs fins....* Votre position est
» désagréable, je l'avoue, mais patientez, cela ne peut
» pas durer...... »

. . . .

Toutes les *lettres* citées, et beaucoup d'autres dont il usera au besoin, sont entre les mains de M. Pélier. Elles prouvent qu'il est victime d'une haine persécutrice, et que *les torts que l'on a faits* (comme le dit La Bruyère), *sont les plus difficiles à pardonner.*

A l'occasion de la lettre infâme du 16 novembre, on y dit, sous la date *du 5 janvier suivant*, que M. Pélier

(1) Expression tirée de la *Lettre d'un curé franc-comtois*, publiée par M. Pélier en 1826.

(qui alors ne sortait de chez lui que pour vaquer à son office) *en colporte partout une prétendue copie ;* qu'à cause de cette lettre, *il a redoublé de fureur* , et que *son caractère s'irrite des meilleurs procédés* , etc. , etc.

Or, on vient de voir *quelques-uns des procédés* employés à son égard. Le lecteur n'aura pas de peine à juger s'ils sont *les meilleurs.*

En voici quelques autres encore, presque tous postérieurs à *l'accolade et au baiser du 6 novembre dernier. A cause de M. Pélier* (c'est M. Girod qui l'a dit), défense à tout prêtre ou chanoine de dire la messe au maître-autel, de sept heures et demie à huit heures et demie, à moins qu'il n'ait été *désigné ad hoc* par M. Labrousse. — Défense à M. Pélier, *sub gravi !* de dire sa messe à dix heures, motivée sur ce que cette habitude (qu'il n'a jamais eue) frappe de douleur ses confrères, et *scandalise les fidèles et les enfants de chœur* (qui ne s'en doutaient pas le moins du monde). — Ordre à M. Pélier *de laisser sa calotte à la sacristie* quand il va à l'autel, même dans les plus grands froids (quoiqu'il ait depuis longtemps une permission, qui évidemment suit la personne), et quoique tous les autres chanoines l'aient sur la tête en pareil cas ! — Ordre de mettre *ordre à sa conscience,* comme ayant encouru *la suspense ipso facto,* parce qu'ayant eu permission de prendre une domestique de vingt-sept ans (qui est sortie de chez lui), sa nièce en a pris une à l'essai, *âgée de trente-deux ans,* qui avait déjà fait son service *pendant quatre jours, sans une nouvelle permission !!* — Défense *sous* peine de suspense *ab ordine ! encourue ipso facto ! de rien publier ou répandre, par quelque voie ou de quelque manière que ce soit, concernant les griefs dont il s'est rendu coupable* contre Mgr. de Chamon, son conseil et son chapitre (1).

Quand M. Pélier s'est plaint quelquefois de cette série de vexations et de mensonges, on lui a répondu *qu'il disait du mal de Mgr.* Et qu'en a-t-il dit ? Il a demandé qu'on le lui répétât, *et on s'est tû*. Mais on a continué le même système à son égard : avec un homme franc et loyal, on a usé de ruse et de duplicité. Comme la ca-

---

(1) Cette pièce, curieuse de méchanceté et d'âneries, est du 15 janvier, jour où le *secrétaire* écrivait son infâme *P.-S.* à M. le curé de Bersaillin. Elle est contresignée *Girod, vicaire-général, chanoine, secrétaire et greffier de l'officialité.* Ainsi celui qu'on appelait déjà le *double*, puis le *triple*, est ici le *quadruple* par ses titres. La pièce est de son écriture (à peine lisible *encore cette fois*), et sans doute de sa rédaction (car elle en est digne!). — Ainsi c'est l'adversaire, c'est l'ennemi de M. Pélier, qui défend à celui-ci de se défendre ! — Où a-t-il vu que le chapitre appartenait à Mgr. de Chamon? Quand celui-ci mourra, on mettra donc le chapitre à l'encan? Et où sera *celui de la cathédrale?* Jeune homme, lisez le concile de Trente : les traductions ne manquent pas. — *Coupable de griefs!* mais quels sont ces griefs? Faites-les lui connaître. Si Mgr. de Chamon se trouve offensé de ce que M. Pélier aura dit de lui qu'il devait descendre à Lons-le-Saunier pour y faire les ordinations, plutôt que de faire monter les séminaristes à St-Claude; qu'il ne devait pas leur occasionner des frais, ni les envoyer coucher à l'auberge ou chez les pauvres chanoines, mais les loger alors dans son vaste palais et y fournir à leurs besoins ; voilà M. Pélier interdit *ab ordine ipso facto!!...* Certes, la théologie de La Mouille est bien sèche, bien rude. Mais des *griefs* dont on se réserve l'interprétation, griefs qu'on n'ose désigner, énumérer, griefs imaginaires ou ridicules, seront-ils pour cela des *crimes*? Un grand-vicaire-greffier ne devrait-il pas savoir ce que saurait un greffier de village ? Pour une suspense *ab ordine, à divinis*, le droit requiert un acte ou des actes qualifiés *crimes* ou fautes *graves, considérables* : et il veut encore que ce crime ou ces crimes soient *notoires, publics et infamants.* Or, où sont les *crimes* de M. Pélier? Il vous a dit quelques vérités qui ont blessé votre orgueil; mais des vérités ne sont pas des crimes. Mouchez-vous (L'ami cité)...

lomnie pouvait être utile, on l'a calomnié auprès du prélat; on a suivi contre lui le conseil et le précepte de Beaumarchais, de Voltaire. *On peut en fournir des preuves écrites.* Il est tel homme qui, dans deux occasions différentes s'est vanté de savoir *tuer un homme* ou *s'en défaire sans le toucher.* Il voulait dire qu'il savait le moyen de le diffamer, de le perdre, de l'éteindre, de mettre ou faire mettre sur lui *l'éteignoir*... Pourquoi tout cela ? parce qu'on ne veut pas d'observations, pas de comparaisons, pas de concurrence. On craint la vérité : on aime *soi* et non pas *elle*. En admettant ce principe on a raison, car la franchise ne saurait s'allier avec la duplicité, la justice des canons avec le caprice de l'arbitraire.

Tout ce qu'on vient de lire n'est qu'un abrégé de faits plus nombreux et plus détaillés, lesquels pourront plus tard être produits en entier : ils ne sont pas sans intérêt et sans utilité pour ceux qui aiment la vérité et la justice. Mais, à la suite de ces faits, il en est un qui les couronne tous : il est digne de la *charité* qui accuse un prêtre *de vomir la calomnie comme s'il en était plein*. Et c'est celui qui a le plus douloureusement affecté M. Pélier. Il est du 24 février dernier. Le voici :

Par amour de la paix et pour éviter tout éclat, l'offensé, *la victime* demandait, *en tête à tête*, à son calomniateur, de convenir *seulement* qu'il avait eu tort d'écrire de semblables lettres contre lui à M. le curé de Bersaillin. L'aveu ne devait pas être pénible à un honnête homme... Eh bien ! *M. Girod s'y est refusé*, même *avec arrogance* (1), disant que *Mgr. avait approuvé toute sa con-*

---

(1) Certain animal, quand il a mordu, ne démord pas. (*L'éditeur.*)

duite à son égard; qu'il avait cru devoir lui donner cette leçon (lui, Girod!), et qu'il ne cesserait de le faire moucharder.

M. Pélier nous a communiqué ces faits. Pour le moment nous les livrons, sans réflexions ni commentaires, au clergé diocésain, dont les membres sont ses pairs. Ils prononceront entre lui et M. Girod, avec le sentiment de la justice et de la dignité du prêtre. Ils n'oublieront pas que, venger son honneur outragé et défendre ou laisser défendre sa propre réputation, c'est un droit; et que démasquer le méchant, c'est prémunir les bons, c'est servir la société.

« L'arbitraire n'est pas plus un moyen de puissance
» *durable*, que la duplicité n'est un ressort d'administra-
» tion *honnête*. » (Extrait des *Lettres et Mémoires sur le chapitre et le diocèse de Saint-Claude*, par M. Pélier de Lacroix, chanoine et ancien vicaire-général de Chartres, ancien premier aumônier des maisons royales de Saint-Denis et des Quinze-Vingts, etc.).

— BESANÇON, IMPRIMERIE DE CH. DEIS.

www.ingramcontent.com/pod-product-compliance
Lightning Source LLC
Chambersburg PA
CBHW071442060426
42450CB00009BA/2278